Hermann-Josef Zoche

Das Pilgerbuch zum Glück

40 Impulse für ein erfülltes Leben

Hermann-Josef Zoche

Das Pilgerbuch zum Glück

40 Impulse für ein erfülltes Leben

benno

Bibliografische Information der Deutschen Nationalbibliothek
Die Deutsche Nationalbibliothek verzeichnet diese Publikation in der Deutschen Nationalbibliografie;
detaillierte bibliografische Daten sind im Internet über
http://dnb.d-nb.de abrufbar.

Besuchen Sie uns im Internet unter:
www.st-benno.de

Gern informieren wir Sie unverbindlich und aktuell auch in
unserem Newsletter zum Verlagsprogramm, zu Neuerscheinungen
und Aktionen. Einfach anmelden unter www.st-benno.de.

ISBN 978-3-7462-4887-5

Covergestaltung: BIRQ DESIGN, Leipzig
Gesamtherstellung: Kontext, Lemsel (A)

Inhaltsverzeichnis

Vorwort	8
Schöpfen Sie aus dem Moment	11
Gehen Sie kleine Schritte	13
Stellen Sie sich auf den Tag ein	15
Finden Sie Ihr eigenes Tempo	17
Wehren Sie sich gegen Erwartungsdruck	19
Werfen Sie überflüssigen Ballast ab	21
Schaffen Sie innere Distanzen	23
Reflektieren Sie Ihr Wertesystem	25
Schaffen Sie Räume der Stille	27
Gehen Sie behutsam miteinander um	29
Hören Sie auf Ihr Inneres	33
Lernen Sie Selbstbeschränkung	35
Üben Sie sich in Geduld	37

Suchen Sie sich feste Bezugspunkte 39

Halten Sie Konflikte aus 41

Genießen Sie das Glück des Hier und Jetzt 43

Behalten Sie positive Bilder 45

Übereilen Sie nichts 47

Finden Sie die Balance 49

Machen Sie anderen nichts vor 51

Lernen Sie aus Ihren Irrtümern das Richtige 55

Leben Sie in Harmonie mit anderen 57

Stehen Sie zu Ihren Entscheidungen 59

Sehen Sie sich als Teil der Welt 61

Leben Sie mit Ihren Rätseln 63

Pflegen Sie gute Beziehungen 65

Teilen Sie Ihre Kräfte ein 67

Haben Sie Vertrauen 69

Seien Sie dankbar 71

Bleiben Sie cool 73

Legen Sie Verschnaufpausen ein 77

Staunen Sie über sich selbst 79

Suchen Sie einen windstillen Winkel 81

Überdenken Sie Ihre Urteile 83

Lassen Sie los 85

Behalten Sie den Weitblick 87

Schalten Sie bewusst ab 89

Erkennen Sie Ihre Begabungen 91

Sehen Sie auf die innere Wanderkarte 93

Genießen Sie das „Gipfelerlebnis“ 95

Glück – Spaß – Freude, wie passt das zum christlichen Leben?

Glück war für die alten Griechen einfach ein geglücktes Leben. Es bestand für sie in der Balance zwischen all den konkreten Herausforderungen und Anforderungen des Alltags und des Ichs. Wer sein eigenes Leben im Gleichgewicht halten kann, der ist glücklich. Dieser philosophische Glücksbegriff existiert heute noch in vielen Varianten. Eines haben alle gemeinsam: Glück ist hier eng gekoppelt an das Diesseits.
Im christlichen Umfeld ist Glück allerdings mehr als nur die Balance im Diesseits. Es umschließt für Christen Faktoren, die über diese Welt hinausgreifen. Glück ist nicht rein innerweltlich zu erlangen. Es besteht vielmehr in einer Teilhabe an dem Glück des Himmels. Glück ist, wenn sich aus der Glückseligkeit des Himmels ein winziger Tropfen für einen Augenblick in unser Herz senkt. Wir spüren dann, dass dieses Glück noch zu groß ist, als dass wir es als Menschen für immer behalten könnten. Die momenthafte Erfahrung von diesem wahren Glück überkommt uns im Hier und Jetzt. Ein solches Glückserlebnis blitzt immer nur kurz auf, wie ein Schnappschuss. Und gerade deshalb weckt es in uns die Sehnsucht nach einem letzten, bleibenden und umfassenden Glück, das wir den Himmel oder die Glückseligkeit nennen. Das Glück – als Schnappschuss des himmlischen Glücks – hinterlässt seine Spuren in unserem Leben.

Diese Spuren, die von echter Glückserfahrung zurückbleiben, nennen wir Freude. Sie ist das im Diesseits spürbare Nachglühen dieser momenthaft aufblitzenden Glückserfahrung. Anders gesagt: Freude ist die Spur (Adjektiv: spürbar), die die Erfahrung von Glück in unserem Leben hinterlässt. Letztlich ist Freude das Wiedererkennungsmerkmal für die Spuren Gottes in unserem Leben. Die vorliegenden täglichen Übungen sollen dazu anregen, in der Fastenzeit sich selbst und seine (Um-)Welt wacher als sonst wahrzunehmen. Sie sind eine Anregung zur Spurensuche. Die Texte sollen dazu ermuntern, die Spuren Gottes in unserem Leben aufzuspüren. Fastenzeit ist die Zeit, in der wir die Freude neu entdecken, jene Freude der Erlösten, denen Gott nahe ist und in deren Leben er seine Spuren hinterlässt, wenn sich das Glück des Himmels ins Herz bricht.

Wahres Glück ist immer Teilhabe am Glück des Himmels. Wahre Freude ist das Nachglühen dieses Glücks in unseren Herzen.

Hermann-Josef Zoche

Es ist Zeit, etwas Neues zu beginnen
und dem Zauber des Anfangs zu vertrauen.
MEISTER ECKHART

Schöpfen Sie aus dem Moment

Wenn man am frühen Morgen, noch in der Dunkelheit, unterwegs ist, sieht man die Natur in Schwarz-Weiß. Mit der beginnenden Dämmerung werden die Kontraste schärfer, man hat den Eindruck, als ordne sich die Natur langsam vor den Augen. Und dann kommt die Farbe! Erst langsam, aber kurz darauf – wenn die Sonne über dem Horizont ist – in ihrer vollen Pracht. Gerade in diesem Übergang der Natur von Schwarz-Weiß in Farbe liegt der Zauber des Morgengrauens. Ich empfinde Farben nie schöner, als wenn sie sich in dieser Form, je nach Jahreszeit, enthüllen. Der Hintergrund dieses Naturereignisses beruht auf dem Miterleben eines Neubeginns. Jeder Anfang von etwas Neuem kann uns tief berühren. Man spürt, dass Altes definitiv vergangen ist und nicht mehr belastet. Die Frische des Neuen belebt und sie schenkt den Mut, an dem Neuen, das wird, teilzunehmen. Für einen Moment lebt man ganz im Augenblick. Wir sollten solche hoffnungsvollen Momente, die mit dem Anfang verbunden sind, nicht verstreichen lassen, denn aus ihnen erwächst viel Kraft für alles, was kommen mag. Die Frische des Neuanfangs gibt uns nicht nur Kraft für den ersten Schritt, sondern für das gesamte Vorhaben.

- Lassen Sie Altes hinter sich, um der Zukunft hoffnungsvoll entgegenzublicken!
- Verbinden Sie mit dem Neuanfang die Hoffnung, dass Sie einer guten Zukunft entgegengehen!

Es ist besser,
mit drei Sprüngen zum Ziel zu kommen
als sich mit einem das Bein zu brechen.

AUS AFRIKA

Gehen Sie kleine Schritte

Der Gedanke des Aufbruchs, des Neuanfangs stimmt mich immer euphorisch. Alles soll sich ändern und große Pläne werden geschmiedet. Nach einer kurzen Zeit des Überschwangs an Hoffnungen und Träumen von dem besseren Leben, das nun beginnen soll, ist wieder Alltag eingekehrt. Verändert hat sich nichts. Woran liegt es, dass wir so selten unsere Träume und Visionen umsetzen und wahr werden lassen können? Gute Vorsätze und Träume zu haben, ist etwas grundsätzlich Positives. Es zeugt von Lebendigkeit und Hoffnung, wenn wir in unserem Leben etwas ändern wollen. Der Entschluss, das Leben anzupacken, ist oft verknüpft mit großen Erwartungen an die Zukunft und auch an uns selbst. Erfüllen sich diese Erwartungen nicht, folgt häufig die Resignation. Irgendwann stellen sich dann Zweifel ein: Kann ich an meinem Leben überhaupt etwas aus eigener Kraft ändern? Damit wir nicht nach kurzer Zeit vor den Scherben unserer vielen guten Vorsätze stehen, müssen wir für uns selbst ganz klar formulieren, was wir eigentlich erreichen wollen. Dabei muss uns nicht nur das Ziel, sondern auch der Weg vor Augen stehen. Das, was wir uns vornehmen, muss für uns selbst klar überschaubar und machbar sein. Formulieren Sie zunächst einen „kleinen" Vorsatz. Wenn Sie es geschafft haben, diesen Vorsatz in Ihrem Leben umzusetzen, können Sie nach und nach immer noch andere Vorhaben angehen.

- Fassen Sie einen realistischen Vorsatz!
- Machen Sie sich konkret klar, wie Sie Ihren Vorsatz in die Tat umsetzen können!

Gib jedem Tag die Chance,
der schönste deines
Lebens zu werden.

MARK TWAIN

Stellen Sie sich auf den Tag ein

Die ungenügend frei gemachte, verschneite Frontscheibe eines Autos kann lebensgefährlich sein, und allzu oft ist es reine Bequemlichkeit, die diese Risiken in Kauf nimmt. Man glaubt sich auf das eingeschränkte Sichtfeld schnell einstellen zu können, säubert die Scheiben nur einen Spalt breit und fährt los. Den Rest erledigt der Fahrtwind oder die Heizung. Diese winterliche Erfahrung geht mir manchmal durch den Kopf, wenn ich mir morgens – und sei es auch nur aus Bequemlichkeit – zu wenig Zeit nehme, um in den Tag zu finden. Ich spüre, dass mir in den ersten Stunden der klare Durchblick fehlt und mein menschliches Sichtfeld sehr eingeschränkt ist. Erst die anfänglichen Fehlreaktionen, das geringe Wahrnehmen der Umwelt, das Vergessen eines Grußes oder Lächelns, Aggressionen usw. zeigen mir, dass ich die „Frontscheibe“ nicht richtig gesäubert habe. Wir Menschen brauchen eine Zeit, um in den neuen Tag zu kommen. Wir sollten uns diese Zeit nehmen, denn dadurch ersparen wir uns Verletzungen und Frustrationen gleich zu Beginn. Man muss darin seinen persönlichen Rhythmus finden, muss in etwa die Zeitspanne kennen und was man sonst noch braucht, um in aller Klarheit das Tagewerk vollbringen zu können – und sollte dann auch noch Zeit haben, die Frontscheibe vom Schnee zu befreien.

- Nutzen Sie die Morgenstunden, um sich auf den Tag einzustellen!
- Verändern Sie unter Umständen Ihren morgendlichen Ablauf, um jeden Tag neu beginnen zu können!

Gott gab die Zeit –
von Eile hat er nichts gesagt.

FINNISCHES SPRICHWORT

Finden Sie Ihr eigenes Tempo

Es gibt ein Buch, das vor Jahren sehr hoch im Kurs stand: „Die Entdeckung der Langsamkeit“ von Sten Nadolny. Darin geht es um die Biografie eines Kindes (des späteren Entdeckers des Südpols), dem immer alles zu schnell geht. Das ganze Leben erscheint aus der Sicht des Jungen als hektisch, betriebsam, zu schnell. Vielleicht hat sich das Buch auch deshalb solcher Beliebtheit erfreut, weil es vielen Menschen aus dem Herzen gesprochen war. Und in der Tat scheint das Tempo unserer Welt nicht nur viel zu hoch zu sein, sondern so, als sei dieses Tempo vorgegebene Richtgeschwindigkeit: Wer nicht mitkommt, der ist eben „zu langsam“, für den ist diese Welt nichts. Wer aber bestimmt das Tempo unseres Lebens? Wenigstens für unser Leben können wir das Tempo selbst bestimmen – auf jeden Fall zwingt uns oft weniger dazu, mit diesem (scheinbar vorgegebenen) Tempo mitzuhalten, als wir meinen. Mit dem vorgegebenen Tempo mitzuhalten erzeugt Stress. Wir können diesen wenigstens dort bekämpfen, wo wir es selbst in der Hand haben: im Privatleben, im Umgang mit anderen Menschen, in der Festlegung unserer privaten Ziele, in der Gestaltung unseres Urlaubs und so weiter. Da kann man ganz „klein“ anfangen und sich zum Beispiel vornehmen, nicht so schnell zu essen, im eigenen Hause nicht so herumzurennen oder zeitig zu einem Termin aufzubrechen, um nicht so mit dem Auto rasen zu müssen.

- Setzen Sie sich ein eigenes „Tempolimit“!
- Üben Sie bewusst die Langsamkeit!

Hinter jeder Maske
ist immer ein lebendes Gesicht.
WILLIAM BUTLER YEATS

Wehren Sie sich gegen Erwartungsdruck

Jeder von uns sieht sich täglich gewissen äußeren Erwartungen ausgesetzt, die von allen möglichen Seiten an uns gestellt werden – und zu all dem muss man allzeit „gut drauf" sein. Das geht nicht immer, denn selbstverständlich ändern sich unsere Stimmungen und Haltungen. Da aber die Erwartungen unabhängig von unserem Befinden an uns gestellt werden, legen wir Masken an – wir spielen nach außen hin etwas anderes, als wir nach innen hin wirklich empfinden. Müssen wir solche Masken tragen, wenn wir spüren, dass wir den Erwartungen sonst nicht gerecht werden? Das Wort „Maske" stammt aus der antiken Theatersprache. Die Maske soll dem Zuschauer helfen, die dargestellte Person zu verstehen. Der Schauspieler soll also nicht eine Maske tragen, sondern die Maske soll nur den Zugang zu der Person erleichtern, die er spielt und deren Äußeres durch die Maske abgebildet ist. „Maske" bedeutet also vom Wort her: die äußere Darstellung einer inneren Gegebenheit. Was aber ist, wenn die innere Gegebenheit der äußeren Darstellung nicht entspricht? Natürlich ist die Übereinstimmung zwischen äußerer Darstellung und innerem Empfinden nicht immer leicht. Der Erwartungsdruck von außen ist groß. Wir sollten dennoch immer wieder mutig versuchen, das nach außen hin darzustellen, was unserer inneren Haltung tatsächlich entspricht.

- Legen Sie die Masken ab, die Sie entstellen und die Ihrer inneren Haltung widersprechen!
- Versuchen Sie, gegen alle äußeren Erwartungen, ein Leben ohne Verstellungen zu leben!

Leute mit leichtem Gepäck kommen am besten durchs Leben.

JAKOB BOSSHART

Werfen Sie überflüssigen Ballast ab

Wer sich schon einmal mit der hohen Kunst des Ballonfliegens beschäftigt hat, der wird wissen, dass der Ballon unter bestimmten thermischen Bedingungen sehr schnell an Höhe verlieren kann. Für solch einen Fall hängen an jedem Ballon Sandbeutel, die schnell entleert werden müssen. Der Ballon verliert dadurch an Gewicht und kann wieder steigen. Ganz ähnlich ist es auch, wenn wir im Leben in Turbulenzen kommen. Wir verlieren in solchen Situationen dramatisch an Höhe und manch einer wappnet sich schon gegen die unabwendbar eintretende, harte Landung. In solchen Situationen ist es gut, den „Sand" überflüssiger und unnötiger Belastungen abzuwerfen, um wieder auf die Höhe zu kommen. Ähnlich wie beim Ballonfliegen den Sand, so nehmen wir auch im Leben Ballast mit auf den Weg, den wir anfangs als solchen gar nicht wahrnehmen, der aber schleunigst über Bord muss, wenn es abwärts geht. Was kann solcher Ballast sein, den wir abwerfen müssen, um wieder die normale Fahrt fortsetzen zu können? Diese Frage wird nur jeder für sich selbst beantworten können: regelmäßige Treffen in Freundeskreisen, die uns nichts bedeuten, zu viele Termine in der Freizeit, die eigentlich wertlos sind, aber auch psychische Belastungen aus vergangenen Jahren, Ängste, falsche Vorstellungen vom Leben und dem, was man in diesem (noch) erreichen kann usw.

- Welchen Ballast kann und muss ich – und nur ich! – abwerfen, damit ich meinen Weg unbeschwert fortsetzen kann?
- Welche Menschen können mir dabei helfen? Wie können sie mir helfen?

Man muss
vieles übersehen,
um schauen
zu können.

EMANUEL VON BODMAN

Schaffen Sie innere Distanzen

Ein Hochhaus mit vielen von innen beleuchteten Fenstern kann man viel besser erfassen, wenn man ein wenig die Augen zukneift. Das Bild verschwimmt auf diese Weise zwar, aber die Lichter heben sich gerade dadurch ab und man kann ihre Verteilung besser erkennen. Beim Zukneifen der Augen versetzt man sich gewissermaßen künstlich in eine größere räumliche Distanz zu dem beobachteten Objekt. Man sieht dann beispielsweise das Hochhaus so, wie man es aus weiterer Entfernung wahrnehmen kann. Die Lichter treten bei zugekniffenen Augen deutlicher hervor, man erkennt Strukturen und sieht beispielsweise, wie sich die Lichter auf der gesamten Fläche verteilen. In ähnlicher Weise hat auch unser Leben Struktur: Es gibt beleuchtete und unbeleuchtete Räume und es gibt eine – wie auch immer geartete – Verteilung der lichten und der dunklen Flächen. Vieles in unserem Leben gerät allerdings dadurch aus dem Gleichgewicht, dass wir diese Strukturen nicht erkennen, weil wir die innere Distanz nicht haben. Wir sind täglich auf so viele Einzelheiten fixiert, dass wir oft das Ganze aus dem Blick verlieren. Es ist deshalb sinnvoll, und sehr wirksam gegen Stress, eine „künstliche" Entfernung zu suchen, die mit dem Zukneifen der Augen vergleichbar ist. Es entspannt den Alltag, wenn man die Dinge, die man gerade tut, aus einer größeren Distanz betrachtet. Nur wer das Ganze nicht aus dem Blick verliert, wird auch im Detail „durchblicken".

- Verlieren Sie sich nicht im Detail!
- Sehen Sie immer wieder die größeren Zusammenhänge, in denen Sie stehen?

Es gehört oft mehr Mut dazu,
seine Meinung zu ändern,
als ihr treu zu bleiben.

CHRISTIAN FRIEDRICH HEBBEL

Reflektieren Sie Ihr Wertesystem

Ein kleines Kind, das Laufen lernt, hält sich zunächst ängstlich und mit unsicherer Hand am Erwachsenen fest. Es tapst langsam voran und braucht das Wissen, aufgefangen zu werden, wenn es zu fallen droht. Gewinnt es an Sicherheit und steht auf festeren Beinen, so wird die Entfernung vom Erwachsenen langsam größer. Bald schon genügt es, dass er nur noch da ist – für alle „Fälle". Ganz ähnlich verhält es sich mit der Freiheit des Menschen. Sie entwickelt sich langsam und von einem festen Bezugspunkt aus. Dieser feste Punkt aber ist – ähnlich wie für das Kind der Erwachsene – zugleich dynamisch, er ist mal näher und mal ferner, einmal abwartend und ein anderes Mal eingreifend, immer aber ist er in der Nähe. Was ist dieser feste und zugleich dynamische Bezugspunkt menschlicher Freiheit? Jeder Mensch hat ein inneres Wertesystem. Es besteht aus übernommenen Werten, aus anerzogenen Richtlinien, aus eigenen Erfahrungen, aus Überzeugungen und reflektierten Einsichten sowie aus den Werten, die er innerhalb seines Beziehungsgeflechtes zu anderen Menschen hat. Dieses Wertesystem ist kein starrer, sondern ein dynamischer Bezug, der situationsbedingt zur Anwendung kommt. Das System unserer Werte ist unser Bezugspunkt, der uns für die Verwirklichung unserer Freiheit die notwendige Sicherheit, Rückhalt und Orientierung gibt.

- Machen Sie sich Ihr inneres Wertesystem stets bewusst!
- Wenden Sie dieses Wertesystem dynamisch und situationsbezogen an!

Man muss
aus der
Stille kommen,
um etwas
Gedeihliches
zu schaffen.
Nur in der Stille
wächst
dergleichen.
KURT TUCHOLSKY

Schaffen Sie Räume der Stille

Wenn man in einer Großstadt, vielleicht irgendwo in einer Fußgängerzone, tagsüber in eine Kirche geht, so kann das sehr eigentümliche Gefühle auslösen. Der große Raum ist abgedunkelt, meist sind nur wenige Menschen zu sehen, und wenn sich das Portal hinter einem schließt, breitet sich eine wohltuende Stille aus. Alle Geräusche des geschäftigen Treibens werden gedämpft von den dicken Mauern. Man tritt in eine Stille ein, die sich wohltuend ausbreitet und die auf einen selbst schon nach kurzer Zeit verändernd wirkt. Ich habe in solchen Situationen immer das Gefühl, als streifte ich den ganzen Lärm wie ein Kleid ab und könnte in dieser Stille wieder durchatmen. Wir Menschen brauchen solche Orte der Stille. Wie aber kann man im alltäglichen Leben die Distanz zum Lärm finden und an einem Ort der Ruhe Kraft schöpfen? Viele Formen der Geräusche und des Lärms, die tagtäglich an unser Ohr dringen, können wir nicht einfach abschalten oder ihnen entfliehen. Aber wir können uns im Kontrast dazu Räume der Stille schaffen. Ein solcher innerer Raum der Stille hat eine dicke Tür, hinter der der Lärm des Alltags zurückbleibt – auch der Lärm, den wir selbst machen.

- Suchen Sie bewusst einen Weg, um zur Stille zu finden!
- Schaffen Sie bewusst Räume der Stille!

Freundschaften sind
zerbrechlich und erfordern
genauso viel Sorgfalt,
wie jede andere
empfindliche und
kostbare Sache.

RANDOLPH SILLIMAN BOURNE

Gehen Sie behutsam miteinander um

In jedem Haushalt gibt es ein paar sogenannte „gute Stücke". Ein teures Kaffee- oder Teeservice, eine Karaffe aus Kristall oder eine Vase aus Porzellan. Mit derartigen Stücken geht man vorsichtig um. Umso ärgerlicher ist es, wenn solch ein Stück dennoch kaputt geht. Oft ist es nicht nur teuer, sondern unersetzbar und jahrelang muss man sich über die Lücke ärgern, die dann bei den anderen Stücken entsteht. Ist es so nicht oft auch im Leben? In jedem Leben gibt es menschliche Beziehungen, die besonders wertvoll sind. Sie heben sich ab von allen anderen Freundschaften und Bekanntschaften, die man hat. Sie werden separat, ja, vorsichtig behandelt. Schon in antiken Schriften (z. B. in der Bibel) werden menschliche Beziehungen deshalb oft mit kostbaren Gefäßen verglichen. Wer schon einmal eine wertvolle Beziehung durch Achtlosigkeit zerschlagen hat, der wird wissen, dass Menschen noch unersetzbarer und unbezahlbarer als die teuersten Haushaltsgegenstände sind. So lange sie aber heil sind, muss man mit beidem in gleicher Weise verfahren: Man muss vorsichtig, achtsam, behutsam sein. Es muss nicht erst Geschirr zerschlagen werden, damit wir erkennen, wie wertvoll uns andere Menschen und bestimmte Beziehungen sind. Wenn es aber einmal Scherben gegeben hat (und wir nun mit diesen leben müssen), dann mag das eine Lehre sein, in Zukunft behutsamer miteinander umzugehen, damit wir die Reichtümer erhalten, die wir aneinander haben.

- Gehen Sie mit Freundschaften um wie mit kostbaren Gefäßen!
- Wer mit vielen Scherben lebt, der verletzt sich schnell!

DIE ZEHN GEBOTE DER GELASSENHEIT

1. Nur für heute werde ich mich bemühen, den Tag zu leben,
ohne die Probleme meines Lebens
auf einmal lösen zu wollen.

2. Nur für heute werde ich
in der Gewissheit glücklich sein,
dass ich für das Glück geschaffen bin –
nicht nur für die andere,
sondern auch für diese Welt.

3. Heute, nur heute werde ich
auf ein zurückhaltendes
Auftreten achten:
Ich werde niemand
kritisieren.
Ich werde nicht
danach streben,
die anderen zu
korrigieren
oder zu verbessern –
nur mich selbst.

PAPST JOHANNES XXIII.

Man sieht nur
mit dem Herzen gut:
Das Wesentliche
ist für die Augen
unsichtbar.

ANTOINE DE SAINT-EXUPÉRY

Hören Sie auf Ihr Inneres

Wer schon einmal im dichten Nebel unter einer Hochspannungsleitung stand, der wird verblüfft festgestellt haben, dass man es knistern hört. Die Spannung ist selbst im Außenbereich des Kabels so hoch, dass sie sich über die Wassermoleküle des Nebels fortsetzt und so hörbar an unser Ohr dringt. Man kann noch so sehr in den Nebel schauen, man wird dadurch nicht mehr sehen. Konzentriert man sich aber auf das Ohr, so nimmt man Geräusche wahr, die man vorher nicht gehört hat (und ohne den Nebel auch nicht hören würde). Es gibt auch im Leben immer wieder einmal den Zustand, dass wir im Nebel stehen. Das zieht oft eine große Orientierungslosigkeit nach sich. Wie können wir in solchen Zeiten innerer Orientierungslosigkeit eine andere Wahrnehmung bekommen? Bleiben wir dazu ruhig bei dem Bild eines sehr nebeligen Tages: Mittels der Augen kommt man nicht weiter, aber die Ohren können einem sehr für die weitere Orientierung helfen. Ähnlich kann es einem gehen, wenn man in Zeiten, in denen man nichts mehr „blickt", in sich hineinhört, wenn man sich also auf eine andere Wahrnehmung konzentriert. Oft entsteht dann ganz unerwartet eine neue Orientierungsmöglichkeit – selbst wenn diese nur in einem leisen inneren Knistern zu verspüren ist.

- Hören Sie bei Orientierungslosigkeit in sich hinein und achten Sie auf neue innere Signale!
- Suchen Sie nach Wegen, den Reichtum Ihrer inneren Wahrnehmung zu vergrößern.

Die schlimmste
Entscheidung ist
Unentschlossenheit.
BENJAMIN FRANKLIN

Lernen Sie Selbstbeschränkung

Schon die Philosophen der Antike haben über die Freiheit des Menschen nachgedacht und haben sie im Wesentlichen darin gesehen, dass sich der Mensch freiwillig festlegt. Freiheit besteht nicht darin, dass man alles Mögliche könnte, dass man sich also alles offen lässt, sondern darin, aus der Fülle der Möglichkeiten das für sich auszuwählen, was einem am meisten nützt, und sich diesbezüglich festzulegen. In einem weiteren Schritt gehört es auch zur Freiheit, an dem einmal Entschiedenen festzuhalten. Nun gehört es allerdings zu den menschlichen Erfahrungen, dass dies oft schwerfällt. Konsequenz, Treue und das Festhalten an dem einmal Entschiedenen erscheint im Laufe des Lebens als Fessel, als Einschränkung, als Qual. Wie kann man es lernen, mit diesen Empfindungen richtig umzugehen? Zwei Dinge scheinen mir dafür entscheidend: erstens zu wissen, dass auch das Durchhalten und die Treue zur Verwirklichung von Freiheit gehören, dass also Freiheit auch einmal weh tun kann. Zweitens aber muss man sich auch ehrlich fragen, ob die Festlegung, unter der man leidet, tatsächlich noch sinnvoll ist oder nicht. Es kann ja auch gute Gründe geben, sich von den Lasten einer früher einmal getroffenen Entscheidung zu befreien. Diese Gründe aber müssen dem Sinn, den man in seinem Leben anstrebt, entsprechen, sie müssen nützlich sein.

- Der Vollzug menschlicher Freiheit besteht darin, dass man sich festlegt!
- Bedenken Sie, dass Freiheit deshalb immer auch „Selbstbeschränkung“ bedeutet!

Alles kommt
zur rechten Zeit,
wenn die Menschen
lernen würden
zu warten.

FRANÇOIS RABELAIS

Üben Sie sich in Geduld

Ein Mensch, der einen Baum pflanzt, muss diesen in Ruhe wachsen lassen. Man kann äußerlich viel dazu beitragen, dass er wachsen wird, man kann düngen und gießen, Unkraut fernhalten, beschneiden usw., das Wachstum selbst aber kann man nicht geben. Wer würde schon einen gerade gepflanzten Baum alle vierzehn Tage mit Stumpf und Stiel ausgraben, um zu schauen, wie weit die Wurzeln bereits gediehen sind? Ganz ähnlich verhält es sich gegenüber den menschlichen Beziehungen. Eine Freundschaft ist vergleichbar mit dem Aussäen eines Samenkornes. Man kann viel dazu beitragen, dass das Samenkorn auf guten Boden fällt, man kann das Erdreich bereiten und positive Wachstumsbedingungen schaffen. Dann aber muss man – wie ein Gärtner – die Geduld haben, dass das Körnlein zu sprießen anfängt und sich durch langsame Wurzelbindung im Erdreich befestigt. Ebenso wie man einen Baum nicht alle paar Wochen ausgräbt, um nach dem Wurzelwachstum zu schauen, kann man eine Freundschaft ständig infrage stellen und damit ihr Wachstum betrachten wollen. Man muss Geduld haben, dass die Wurzeln wachsen, und kann aus allem, was man sieht, erlebt und erfährt nur die Rückschlüsse ziehen, die auch ein Gärtner zieht, wenn er seine Bäume betrachtet. Hier beginnt die Geduld, die wir im Umgang mit allem Menschlichen – und Allzumenschlichen – immer wieder haben müssen.

- Gedulden Sie sich im Umgang mit Freundschaften, sie müssen wachsen, wie gute Bäume!
- Zerstören Sie keine Freundschaften durch zu viel Reflexion über ihr Fortkommen!

Wer das Ziel nicht weiß,
kann den Weg nicht haben.

CHRISTIAN MORGENSTERN

Suchen Sie sich feste Bezugspunkte

Wer sich schon einmal mit einem kleinen Paddelboot gegen den Strom oder gegen die Wellen bewegt hat, der wird es kennen: Man hat den Eindruck, nicht voranzukommen. Erst wenn man am Ufer an einem festen Punkt Maß nimmt, sieht man, dass man einer optischen Täuschung unterlegen war und tatsächlich doch vorankommt. Wir brauchen im Leben solche festen Bezugspunkte, die für uns wie starke Bäume am Ufer sind. Was aber kann uns solch ein Bezugspunkt sein? Es nützt im Leben wenig, wenn man nur ein großes, fernes Ziel hat, man muss sich diesem Ziel durch kleine Zwischenziele nähern. Solch ein Zwischenziel kann ein kleines Tagesziel sein: das Wissen, diese oder jene Arbeit bis zum Abend erledigt zu haben, um sich dann an der Zielerreichung zu freuen, es kann genauso gut die nächste Verabredung mit einem lieben Menschen sein, der geplante Ausflug am kommenden Wochenende oder der Konzertbesuch in vierzehn Tagen. Solche kleinen Ziele sind wie feste Bäume am Ufer, an denen man Maß nimmt, während man sich auf dem Fluss – und oft genug im Leben – gegen die Strömung bewegt.

- Schaffen Sie sich kleine, erreichbare Zwischenziele im Leben!
- Freuen Sie sich, wenn Sie dieses Ziel erreicht haben und nehmen Sie sofort ein neues Ziel in den Blick.

Bereitsein ist viel,
warten können ist mehr,
doch erst den rechten
Augenblick nützen,
ist alles.
ARTHUR SCHNITZLER

Halten Sie Konflikte aus

Wenn nach tagelanger Trockenheit ein leiser Regen beginnt, dann benetzt er die Windschutzscheibe des Autos am Anfang nur wenig. Dies ist ein schwieriger Moment, denn man nimmt die Tropfen wahr und sie verhindern eine gute Sicht auf die Straße. Schaltet man nun aber zu früh den Scheibenwischer ein, dann verschmiert die Scheibe restlos. Die Erfahrung lehrt, dass es sinnvoll ist, mit dem Anschalten des Scheibenwischers zu warten, bis so viel Wasser auf der Scheibe ist, dass es diese nicht verschmiert, sondern wirklich säubert. So manches prasselt auf uns täglich ein wie der Regen auf die Windschutzscheibe. Negative Erfahrungen, Konflikte, Streit und Missverständnisse gehören zu den alltäglichen Gegebenheiten. Und weil all das oft störend ist, wischen wir es beiseite. Nicht selten aber erzeugen wir mit dieser (schnellen) Reaktion ein ähnliches „Geschmiere" wie auf der Windschutzscheibe, wenn der Scheibenwischer zu früh angeschaltet wird. Wir verlieren völlig den Durchblick. Ganz ähnlich wie beim Autofahren bei einsetzendem Regen müssen wir lernen, bestimmte Situationen erst einmal auszuhalten. Das heißt, wir dürfen nicht zu früh versuchen, die störenden Einflüsse beiseite zu wischen; sie können dann noch schlimmer werden. Mit einiger Übung findet man häufig den richtigen Moment, um einzugreifen und kann das entsprechende Problem dann oft sehr schnell beseitigen.

- Lassen Sie auch Konflikte sich erst einmal entwickeln!
- Schauen Sie aufmerksam nach dem richtigen Moment, um störende Einflüsse zu beseitigen!

Es ist eine Verwandtschaft
zwischen den
glücklichen Gedanken
und den Gaben
des Augenblicks:
Beide fallen vom Himmel.

FRIEDRICH SCHILLER

Genießen Sie das Glück des Hier und Jetzt

„Oh Augenblick, verweile doch, du bist so schön“ – dieser Spruch stammt von Goethe und trifft sicher etwas, das viele Menschen in einem bestimmten Moment schon empfunden haben. Solch ein Moment ist ein Zusammenkommen von vielen Faktoren, die hier und jetzt zusammenstimmen. Man kann alle diese Faktoren aufzuzählen versuchen und dennoch wird man sagen müssen: Es ist noch mehr, viel mehr! Was macht eine Situation so außerordentlich schön und empfindungsstark, dass man denkt, sie sollte nie vergehen? Wir können solche Augenblicke, die nie vergehen sollten, einfach nicht beschreiben. Alle Worte reichten nicht aus, um diese Gefühlsempfindung in einem ganz bestimmten Augenblick zu erklären. Man kann diese Augenblicke nur genießen. Sie sind, als würde sich ein Licht aus dem Himmel in unserem Herzen brechen. Ein Licht aus einer anderen Welt, von dem wir doch empfinden, dass es da ist. Solche Augenblicke großen Glücksempfindens kann man nicht machen, sie treten auf, wann immer sie wollen, sie sind unserem „Machen“ entzogen und sie sind immer zu kurz. Solche Momente sind ein großes Geschenk im Leben eines jeden Menschen – auch dann, wenn sie nur selten kommen. Das Einzige, was wir dazu tun können, ist, solche Augenblicke geschehen zu lassen.

- Genießen Sie das Glück des Augenblicks!
- Lernen Sie hinzunehmen, dass es Glück gibt, das Sie nicht „machen“ können!

Gott lässt Menschen die Dinge sehen, wie sie wirklich sind.

THÉRÈSE VON LISIEUX

Behalten Sie positive Bilder

Es gibt viele „Sehenswürdigkeiten“ auf dieser Welt, und im Urlaub macht man sich auf, sie anzuschauen. Anhand eines Reiseführers können wir uns zu allem führen lassen, was man gesehen haben muss. An den kühlen Abenden solcher Tage habe ich oft festgestellt: Die zahlreichen Bilder sind schon am Verblassen, kaum etwas hat mich berührt. Was bleibt von all dem Schönen, das ich an diesem Tag gesehen habe? Unser Auge ist das Sinnesorgan, mit dem wir die meisten Eindrücke aus unserer Umwelt aufnehmen. Um diese unzähligen Bilder bewältigen zu können, bleibt aber vieles von dem, was wir sehen, unbewusst, denn unser Gehirn selektiert die vielfältigen Sinnesdaten in einem selbständigen Prozess. In diesen Prozess können wir jedoch eingreifen, indem wir die Auswahl der Bilder nicht dem Unbewussten überlassen, sondern bewusst hinschauen. Auf diesem Wege wählen wir aus der andauernden Bildwahrnehmung bleibende Eindrücke aus, denn das, was bleiben soll, hängt von dem ab, was wir sehen wollen. Unser Leben besteht nicht aus einer mehr oder weniger unbewussten Aneinanderreihung von Sehenswürdigkeiten, sondern aus bleibenden Eindrücken von allem, was wir bewusst gesehen haben. Wir können den Reichtum unseres Lebens vergrößern, wenn wir aus der Fülle der alltäglichen Eindrücke bleibende Bilder aufnehmen.

- Wählen Sie aus dem vielen Schönen, das es zu sehen gibt, bewusst aus!
- Versuchen Sie jeden Tag mindestens ein positives, bleibendes Bild aufzunehmen.

Was nützt es,
wenn wir rennen,
uns aber auf dem
falschen Weg
befinden?

Übereilen Sie nichts

Kluges Abwarten kann sehr sinnvoll sein. Das habe ich selbst einmal schmerzlich feststellen müssen, als ich viel zu früh am Bahnhof war und in der irrigen Annahme, der auf dem angegebenen Gleis bereitstehende Zug sei bereits der meine, in diesen eingestiegen bin. Folglich fuhr ich mit dem falschen Zug in die falsche Richtung, musste am nächsten Bahnhof wieder aussteigen, auf einen Zug warten, am Hauptbahnhof wieder aussteigen und hatte mich schlussendlich um mehr als vier Stunden verspätet. Es war ein furchtbarer Tag, nur weil ich nicht in der Lage war, den richtigen Zug abzuwarten. Ähnlich gehen wir auch in alltäglichen Situationen vor: Wir springen auf den Zug auf, der gerade bereitsteht, und unterziehen uns nicht der kleinen Unbequemlichkeit, noch einmal zu überprüfen, ob dies tatsächlich sinnvoll ist. Die Fähigkeit warten zu können setzt eine ruhige Überlegung voraus. Diese aber ist gerade im gehetzten Alltag oft unwillkommen. Dabei könnte sie viel Unheil verhindern – bleiben wir doch vor einer roten Ampel auch geduldig stehen.

- Springen Sie nicht in menschlichen Begegnungen auf jeden Zug auf, sondern warten Sie geduldig ab, wie die Dinge sich entwickeln!
- Denken Sie auch vor kleinen Entscheidungen noch einmal kurz nach! Nicht jede Spontaneität ist nützlich!

Suche nach Ruhe,
aber durch das
Gleichgewicht,
nicht durch den Stillstand
deiner Tätigkeit.

FRIEDRICH SCHILLER

Finden Sie die Balance

Ein frommer, alter Fährmann hatte die beiden Ruder seines kleinen Fährbootes beschriftet. Auf dem einen stand das Wort „labora“ und auf dem anderen „ora“. „Ora et labora“ bedeutet „bete und arbeite“. Eines Tages hatte der Fährmann einen jungen, aufgeklärten Fahrgast, der gegenüber diesem Motto die Ansicht vertrat, dass das Gebet unnütz sei und des Menschen Glück einzig und allein von seiner Arbeit abhänge. Schmunzelnd warf der Fährmann das mit „ora“ (Gebet) beschriftete Paddel über Bord und fortan drehten sich die beiden im Kreis. Diese kleine Geschichte greift die Tatsache auf, dass es im Leben Einseitigkeiten geben kann, die dazu führen, dass man sich im Kreise dreht. Um es mit den Worten der Geschichte zu sagen: Der Ruderer braucht immer zwei Paddel, um voranzukommen. Wie diese Paddel beschriftet sind, das hängt vom Wertesystem jedes Einzelnen ab. Die Beschriftung kann sich auch im Laufe des Lebens ändern: mal ist es „Schule und Freizeit“, in späteren Stadien dann vielleicht „Familie und Beruf“ oder – allgemeiner gesagt – „Arbeit und Entspannung“, „input und output“, „Alleinsein und Geselligkeit“, „Frohsinn und Traurigkeit“, „Sicherheit und Sorge“. Es ist in jedem Lebensabschnitt wichtig zu wissen, zwischen welchen beiden Polen man sich gerade bewegt, nur dann kann man es schaffen, zu einem stressfreien und ausgeglichenen Leben zu finden.

- Fragen Sie sich: „Wie sind bei mir zur Zeit die ‚Ruder‘ beschriftet?“
- Nicht die Verdoppelung der Anstrengungen bringt Sie ans Ziel, sondern der richtige Einsatz der Mittel!

Man soll die Menschen nehmen
wie sie sind, aber sie geben sich
wie sie nicht sind.

Machen Sie anderen nichts vor

Von dem russischen Reichsfürsten Potemkin, unter dessen Oberbefehl das russische Heer und die Flotte 1783 die Krim annektierten, wird berichtet, er habe rasch Dorfattrappen erbauen lassen, um der Kaiserin Katherina II. Wohlstand vorzutäuschen. Sie sollte auf ihrer Reise durch die Krim nicht armes, verlassenes Land sehen. Dieses wohl gigantischste menschliche Unternehmen für ein Blendwerk gewährte dem Fürsten Potemkin einen traurigen Eingang in die Geschichte: Das Vortäuschen eines leeren Scheins nennt man bis heute „potemkinsche Dörfer". Oft genug verfahren wir mit unseren inneren Landschaften ähnlich, und wenn wir anderen Menschen schon einen Einblick gewähren, so sollen sie kein Ödland vorfinden. Wir möchten gerne prächtig und bewundernswert wirken und nehmen nicht selten viel Aufwand dafür in Kauf. Aber versetzen wir uns doch einmal in die Haut von Potemkin. Was wäre wohl gewesen, wenn Zarin Katherina vom strengen Protokoll des Zarenhofes abgewichen wäre und spontan eine andere Route gewählt hätte? Was wäre gewesen, wenn sie ein paar Häuser hätte von innen sehen wollen? Die spürbare Folge von Blendwerk ist immer die Angst, entdeckt zu werden. Wollen wir angstfrei leben, so sollten wir auf möglichst alle Attrappen zur Aufrechterhaltung eines leeren Scheins verzichten.

- Seien Sie mutig genug, anderen Menschen nichts über sich vorzutäuschen!
- Korrigieren Sie zu edle Vorstellungen, die andere von Ihnen haben!

4. Heute, nur heute werde ich mich an die Umstände anpassen, ohne zu verlangen, dass die Umstände sich meinen Wünschen anpassen.

5. Nur für heute werde ich zehn Minuten meiner Zeit einer guten Lektüre widmen; wie die Nahrung für das leibliche Leben notwendig ist,
so ist eine gute Lektüre notwendig
für das Leben der Seele.

6. Heute, nur heute werde ich
eine gute Tat verbringen,
und ich werde es niemandem erzählen.

7. Nur für heute werde ich etwas tun,
wozu ich eigentlich keine Lust habe;
sollte ich es als Zumutung empfinden,
werde ich dafür sorgen,
dass niemand es merkt.

PAPST JOHANNES XXIII.

Wo Fehler sind,
da ist auch Erfahrung.

ANTON PAWLOWITSCH TSCHECHOW

Lernen Sie aus Ihren Irrtümern das Richtige

Ich bin vor vielen Jahren einmal von einem Radar erfasst worden und da ich viel zu schnell gefahren war, musste ich eine stattliche Buße zahlen. Ich weiß bis heute die Stelle, an der der Radar stand und fahre dort immer äußerst vorsichtig. Vor einigen Jahren hat es mich auf derselben Strecke wieder erwischt, aber an einer anderen Stelle. Erst in diesem Zusammenhang habe ich gemerkt, wie unsinnig es war, nur dort vorsichtig zu fahren, wo ich schon einmal geknipst worden war. Das Ganze ist lange her und inzwischen kann ich über das fast kindische Verhalten schmunzeln. Aber es offenbart auch, auf welche kuriose Weise wir Menschen manchmal lernen. Wie kommt es, dass wir oft denselben Fehler mehrmals machen, bevor wir daraus lernen? Das Lernen aus den Fehlern ist gar nicht so einfach, denn man muss „das Richtige" aus ihnen lernen und weiß manchmal nicht von vornherein, was das ist. Auf jeden Fall haben wir die falschen Schlüsse aus einem Fehler gezogen, wenn wir diesen ein zweites Mal begehen. Man kann Fehler nur dann vermeiden, wenn man sich immer wieder ehrlich Antwort auf die Frage gibt: Was ist das Entscheidende, das ich aus diesem oder jenem Fehler lernen muss? Stellen wir uns diese Frage nicht, so laufen wir Gefahr, denselben Fehler immer wieder zu machen – sprich: Wir werden so lange vom Radar erfasst, bis wir für das gesamte Fahrverhalten etwas lernen.

- Fragen Sie sich bei Fehlern sehr kritisch, was Sie daraus lernen können!
- Seien Sie bereit, das „Lernziel" zu ändern, wenn Sie denselben Fehler ein zweites Mal begehen!

Frieden kannst du
nur haben,
wenn du ihn gibst.

MARIE VON
EBNER-ESCHENBACH

Leben Sie in Harmonie mit anderen

Es ist sicher nicht zu leugnen, dass wir alle tief im Herzen eine große Sehnsucht nach Frieden tragen. Wie kommt es dann aber, dass es oft so schwer ist, den Frieden zu finden? Ich glaube, dass wir unserer Sehnsucht nach Frieden oft selbst im Wege stehen. Wir messen anderen Dingen eine größere Bedeutung zu und überdecken oft mit unserem Ehrgeiz, Geltungsbedürfnis, mit Neid und Angst diese Sehnsucht nach Frieden. Den wahren Frieden im Herzen werden wir deshalb nur haben, wenn wir immer wieder bereit sind, nach innen zu hören und unserer Sehnsucht nach Frieden Raum zu geben. Dies ist allerdings ein Prozess, der nie abgeschlossen ist und den man nicht mit einer einmaligen Entscheidung bewirken kann. Der Friede des Herzens ist vielmehr ein Ziel, das wir jeden Tag im Kleinen suchen müssen – dann wird er seine Kreise ziehen und so auch im Großen möglich werden. Der Friede hat seinen Ausgangspunkt immer im Herzen jedes einzelnen Menschen – und er kehrt auch immer dorthin zurück.

- Suchen Sie im Umgang mit anderen Menschen den Frieden!
- Gestehen Sie sich ein, dass der Friede im Herzen des anderen Menschen genauso wichtig ist wie der in Ihrem eigenen.

Die Klinken
der Hintertürchen
sind am stärksten
abgegriffen.

Stehen Sie zu Ihren Entscheidungen

Es kann zur Gewohnheit werden, wichtige Entscheidungen aufzuschieben, denn es hat durchaus etwas für sich, wenn man sich nicht festlegt. Der Volksmund bezeichnet diese Form von Entscheidungslosigkeit mit dem Bildwort „sich ein Türchen offen lassen". Der Hintergrund dieser Haltung mag noch so gut begründet sein, eines aber ist offensichtlich: Es bringt nichts an Gelassenheit, wenn man sich alles offen lässt. Der Mut zu einer festen Überzeugung, die Entschlossenheit zu einer ganz bestimmten (und keiner anderen) Meinung, die Beherztheit einer festen Zusage, das alles mag – je nach Verantwortung, die ein Mensch hat, und je nach Tragweite seiner Entscheidungen – mitunter schwierig sein. Aber ohne diese Courage ist es noch schlimmer. Ich glaube, dass die Festigkeit einer sicheren eigenen Meinung unbedingt zur Gelassenheit gehört und auch eine wichtige Tugend im Umgang mit anderen Menschen ist. Wer sich dagegen alle Türchen offen lässt, der verliert sich selbst in Verzagtheit und Mutlosigkeit. Es gibt im Alltag unzählige Möglichkeiten, sich immer wieder auch in Festigkeit für das eine oder andere zu entscheiden. Das erzeugt eine große Gelassenheit für einen selbst – und für die anderen allemal.

- Haben Sie den Mut sich festzulegen!
- Stehen Sie zu den einmal von Ihnen getroffenen Entscheidungen!

Gott liebt
den Menschen.
Gott liebt die Welt.
Nicht einen
idealen Menschen,
sondern den Menschen
wie er ist,
nicht eine Idealwelt,
sondern die wirkliche Welt.
DIETRICH BONHOEFFER

Sehen Sie sich als Teil der Welt

Ich bin mehrfach mit einem Freund im Zug gefahren und habe dabei immer wieder bemerkt, dass er gerne gegen die Fahrtrichtung sitzt. Darauf angesprochen erklärte er mir, dass es ihn beruhigt, wenn die Bilder aus ihm herauszufließen scheinen, und dass er es andererseits oft als Bedrohung empfindet, wenn beim Sitzen in Fahrtrichtung alle Gegenstände so auf ihn zufliegen. Daraufhin habe ich mich selbst beobachtet und festgestellt, dass es auch für mich entspannender und beruhigend ist, wenn ich mich gegen die Fahrtrichtung setze. So ähnlich scheint es mir auch in geistigen Dingen zu liegen. Wie kann man es hier aber erreichen, dass die äußere Welt nicht bedrohlich eindringend wirkt? Philosophisch betrachtet ist die äußere Welt immer auch ein Teil meiner inneren Welt. Wenn dies der Fall ist, dann dringt aber die äußere Welt nicht nur auf mich ein, sondern sie kann auch aus mir herausfließen. Es liegt also tatsächlich an der „Fahrtrichtung", welche von beiden Möglichkeiten stattfindet. Vielleicht kann man im Leben, analog zum Zugfahren, auch einmal die Fahrtrichtung ändern und sich selbst in der äußeren Welt so positionieren, dass sie gelassen aus einem herausfließt, statt ständig bedrohlich auf einen einzuwirken.

- Sehen Sie sich nie der Welt ausgeliefert!
- Sehen Sie sich als Teil der Welt so, dass vieles Äußere auch aus Ihnen herausfließt!

Gott
ist die
Überwältigung
unseres
Inneren
durch die
Unendlichkeit.
Die Kapitulation
des menschlichen
Begriffsvermögens
vor der Welt.

CHRISTIAN MORGENSTERN

Leben Sie mit Ihren Rätseln

Ich habe einmal einen sehr alten Menschen gesprochen, der entsetzt darüber war, wie wenig er sich eigentlich kannte. Sein Leben lang habe er an sich gearbeitet und nun, wo das meiste rein zeitlich gesehen vorbei sei, käme es ihm vor, als sei er in seinem Leben gar nicht vorangekommen. Diese Erfahrung deckt sich in der Tat mit dem, was ich auch immer wieder an mir selbst erlebe: Da mühe ich mich tagaus, tagein, oft jahrelang, und merke doch immer wieder, wie ich den einen oder anderen ärgerlichen Fehler nicht ausmerzen kann. Wie ich es auch drehe und wende, von welcher Seite ich versuche den Dingen auf den Grund zu gehen, immer muss ich feststellen, dass ich diesen Grund nicht erreiche. Die Einsicht in das eigene Innere gleicht jenem Öffnen und Durchschreiten von Türen, hinter denen sich immer neue Räume mit noch mehr Türen auftun. Der heilige Augustinus spricht von den „Spuren des Ewigen“ im Menschen. Die eigene Unergründlichkeit muss uns deshalb nicht ängstigen oder frustrieren, sondern kann die staunende Erkenntnis wach halten, dass wir Spuren der Unendlichkeit schon in uns selbst vorfinden. Die Suche nach Gott greift nicht in die kalten Fernen des Alls, sondern in die Unergründlichkeit eigener Tiefen. Wir können uns immer wieder neu daran freuen, diese Spuren des Ewigen in uns zu tragen.

- Freuen Sie sich über Ihre eigenen Unergründlichkeiten und sehen Sie diese als Spuren des Ewigen!
- Finden Sie sich dankbar damit ab, dass es Unendliches in Ihnen gibt, das zu durchdringen Sie nicht vermögen!

Geliebt und
verstanden werden,
ist das größte Glück.

HONORÉ DE BALZAC

Pflegen Sie gute Beziehungen

Es ist eine eigentümlich schöne Empfindung, wenn man sich verstanden weiß, und man verspürt tiefes Glück, wenn jemand sagt: „Ja, ich verstehe dich, ich verstehe dich gut." Gelingt ein Dialog so, dass er zu einer solchen Aussage führt, ist für einen Moment alles gut. Was bewirkt in uns dieses Glück, verstanden zu werden? In dem Satz „Ich verstehe dich" tritt eine tiefe Bejahung zutage. Wir Menschen brauchen diese Bejahung, denn in ihr drückt sich ganz schlicht aus, dass jemand innerlich mit uns mitgeht. Menschen, die uns bejahen, geben uns Halt und Sicherheit. Jeder, der uns bejaht, beschenkt uns mit der Empfindung, dass wir mit unseren Gedanken nicht allein uns selbst überlassen sind. Wie finde ich aber dazu, dass ich bejaht werde? Unser Leben ist häufig ein Trachten danach, dass andere Menschen uns bejahen. Eigentlich kann man davon nie genug bekommen. Aber dennoch müssen wir uns klar darüber sein, dass es meist nur wenige Menschen sind, die uns wirklich bejahen. Wir sollten deshalb nicht einfach auf die Jagd danach gehen, von möglichst vielen Menschen bejaht zu werden und uns überall Bestätigung zu holen. Wichtig ist, dass es wenige tiefgreifende Menschen in unserem Leben gibt, die dazu fähig sind. Solche Beziehungen zu pflegen ist erfüllender, als von vielen oberflächlichen „Ja-Sagern" umgeben zu sein.

- Freuen Sie sich über Menschen, die ja zu Ihnen sagen!
- Lernen Sie es zu ertragen, dass es immer auch Menschen geben wird, die Sie nicht so bejahen, wie Sie es gerne hätten!

Ich glaube, dass man viel Arbeit leisten kann,
wenn man sie ohne viel zu reden
und mit Gelassenheit angeht.
Man muss nicht alles
an einem Tag
erreichen
wollen.

TERESA VON ÁVILA

Teilen Sie Ihre Kräfte ein

Ich habe in meinem Leben schon viel Geschirr zerschlagen. Und zwar im wahrsten Sinne des Wortes. Der Vorgang war dabei im Wesentlichen immer derselbe: Um Zeit zu sparen, habe ich beim Abräumen des Tisches mehr zu tragen versucht, als sinnvoll gewesen wäre. Das Unglück ist dann meist nicht beim Tragen passiert, sondern bei dem schier unmöglichen Versuch, das ganze Zeug in der Spüle abzustellen. Im Leben gibt es häufig die Situation, dass man zu viel auf einmal möchte. Man belastet sich mit immer mehr und häuft damit eine nicht mehr zu tragende Verantwortung auf sich. Wenn dann aber etwas „kaputt" geht, meinen wir, vor schier nicht zu lösenden Rätseln zu stehen und begreifen die Welt nicht mehr. Der Volksmund sagt: „Weniger ist mehr." Er trifft mit diesem Spruch genau den geschilderten Zustand: Wenn man beim Tischabräumen – um noch einmal das Bild aufzugreifen – weniger auf einmal nimmt, so bringt das den großen Vorteil, dass man weniger zerschlägt. Wenn man diesen Weg zum Tischabdecken wählt, dann muss man wissen, was es „kostet" (denn man muss öfter laufen), dass es aber auch etwas „bringt" (denn die Gefahr, dass etwas kaputt geht, ist geringer). Genauso kann man auch im Leben durch kurzes Innehalten und Nachdenken lernen, sich nicht zu viel auf einmal aufzulasten und dafür vielleicht eine bestimmte Unannehmlichkeit auf sich zu nehmen.

- Nehmen Sie nicht alles auf einmal!
- Sagen Sie sich bei bestimmten Entscheidungen immer wieder: „Weniger ist mehr"!

Vertrauensselig –
ein schönes Wort.
Vertrauen macht selig den,
der es hat, und den,
der es einflößt.
MARIE VON EBNER-ESCHENBACH

Haben Sie Vertrauen

Unser Vertrauen wird täglich herausgefordert, ohne dass wir es wahrnehmen. Wir trauen dem Busfahrer, dem Konstrukteur eines Treppenhauses oder Fahrstuhles, dem Erbauer einer Brücke oder einer Unterführung. Würde man jedes Mal skeptischen Zweifel und Misstrauen haben, ob der Busfahrer auch wirklich nüchtern sei oder die Fahrstuhlseile auch stark genug seien und ob die Brücke auch wirklich halte, wir würden keinen Fuß mehr vor den anderen setzen. Unser Leben wäre nicht möglich ohne ein stetes Vertrauen in andere Menschen. Den Konstrukteur einer Brücke kennen wir nicht, aber wir vertrauen seinen Fähigkeiten ohne darüber nachzudenken. Wie kommt es dann aber, dass wir im Freundes- und Bekanntenkreis oft so wenig Vertrauen haben? In freundschaftlichen Beziehungen liegt hingegen eine andere Form des Wissens umeinander vor, und auch, wenn wir die Fähigkeiten unserer Freunde schätzen, so machen diese doch nur einen kleinen Teil der tatsächlichen Beziehung aus. Wir wissen eben auch, wo sie ihre Schwächen haben – und gerade diese fordern unser Vertrauen heraus. Ein solches Vertrauen gegenüber einem anderen Menschen müssen wir uns erarbeiten – ansonsten können wir auch im menschlichen Bereich kaum mehr einen Fuß vor den anderen setzen.

- Bauen Sie immer neu Vertrauen zu den Menschen auf!
- Vergeben und vergessen Sie Fehler!

In der Dankbarkeit
gewinne ich
das rechte Verhältnis
zu meiner Vergangenheit.
In ihr wird das Vergangene
fruchtbar für die Gegenwart.

DIETRICH BONHOEFFER

Seien Sie dankbar

An bestimmten Situationen des Glücks, die wir hin und wieder verspüren, sind meistens auch andere Menschen beteiligt, und es gibt Augenblicke im Leben, in denen man emotional deutlich spürt, dass das eigene Glück nicht von einem alleine abhängt. Immer sind es auch andere Menschen, die darauf Einfluss haben. Es gehört zu den weitreichenden Einsichten eines Menschen, dass er sein Leben anderen verdankt. Dieses ist nicht nur am Anfang so, sondern bleibende Realität. Auch das Glück, das man verspürt, verdankt man nicht nur sich alleine und all dem, was man selbst dazu beigetragen hat. Zwar lässt es sich nie genau sagen, wie viel Anteil welcher Mensch daran hat, aber es ist doch zweifellos so, dass andere daran beteiligt sind. Schmälert eine solche Ansicht nicht das, was ich selbst zu meinem Glück beigetragen habe? Die Einsicht, dass wir vieles, was wir selbst erarbeitet haben, teilweise auch anderen Menschen verdanken, setzt unser Erleben ins richtige Verhältnis. Die Mitwirkung anderer daran schmälert unseren Verdienst nicht und raubt uns die Freude nicht, sondern ersetzt den Stolz durch die Dankbarkeit. Ein Mensch, der grundsätzlich weiß, dass er sich selbst und vieles in seinem Leben anderen verdankt, wird die darin begründete Dankbarkeit immer als Reichtum empfinden.

- Sehen Sie an den eigenen Leistungen immer auch den Anteil, den Sie anderen Menschen zu verdanken haben!
- Vermitteln Sie anderen Menschen, dass Sie ihnen etwas verdanken!

In der Unrast
schenke Ruh,
in der Hitze
hauche Kühlung zu!

AUS EINEM GEBET
AN DEN HEILIGEN GEIST

Bleiben Sie cool

Jeder Autofahrer weiß, dass ein Motor gekühlt werden muss. Fällt die Kühlung aus, so ertönt sofort ein Warnsignal. Wenn der Motor nicht sofort ausgeschaltet wird, würde er sich schon nach wenigen Umdrehungen selbst zerstören. Die lokale Überhitzung des Metalls würde zu Verformungen führen, die einen physikalisch sinnvollen Lauf des Motors nicht mehr ermöglichen würden. Auch in unserem Leben gibt es immer wieder Situationen, in denen wir uns „erhitzen", in denen es brenzlig wird und uns die Nerven durchzugehen scheinen. Das kann verschiedene Ursachen haben: Wir sind überspannt und überarbeitet, sind schlecht ausgeschlafen oder von bestimmten Sorgen belastet, fühlen uns momentan einer Situation nicht gewachsen oder haben einfach den Kopf woanders. Es wäre hilfreich, wenn bei uns in solchen Situationen auch ein inneres „Warnsignal" anginge und uns sagen würde, wie wir reagieren sollten. In den meisten Fällen, in denen wir uns erhitzen, ist es sinnvoll, die Ruhe zu bewahren und die Situation mit innerer Distanz anzuschauen. Vielleicht lassen sich augenblicklich Ursachen finden, weshalb wir gerade so überhitzt reagieren (wollten). Erst nach diesen Sekunden des Abstandes kann man handeln – wie bei einem Auto, wenn der Motor ein wenig abgekühlt ist.

- Arbeiten Sie daran, auch in brenzligen Situationen ruhig zu bleiben!
- Erzeugen Sie innere Möglichkeiten für eine gleichbleibende „Kühlung"!

8. Heute, nur heute werde ich fest
daran glauben
– selbst wenn die Umstände mir
das Gegenteil zeigen sollten –,
dass die gütige Vorsehung Gottes
sich um mich kümmert,
als gäbe es sonst niemanden auf der Welt.

9. Nur für heute werde ich
keine Angst haben.
Ganz besonders werde ich keine Angst
haben, mich an allem zu freuen, was schön
ist, und an die Güte glauben.

10. Nur für heute werde ich ein genaues
Tagesprogramm aufstellen.
Vielleicht halte ich mich nicht genau daran,
aber ich werde es aufsetzen –
und ich werde mich vor zwei Übeln hüten:
der Hetze und der Unentschlossenheit.

PAPST JOHANNES XXIII.

Wir müssen von Zeit zu Zeit
eine Rast einlegen und warten,
bis unsere Seelen uns wieder
eingeholt haben.

INDIANISCHE WEISHEIT

Legen Sie Verschnaufpausen ein

Bei einer anstrengenden Tour in den Bergen muss man je nach Gelände immer wieder einmal schwitzend innehalten und sich eine kleine Verschnaufpause gönnen. So auf dem Weg stehend blickt man zurück und sieht, was man schon alles geschafft hat. Ganz unten schlängelt sich nun ein schmales Weglein, auf dem man vor Stunden angestiegen ist. Eine solche Rückschau tut gut. Sie gibt den Mut, das Kommende beherzt anzugehen. Auch im alltäglichen Leben sind solche Verschnaufpausen wichtig. Wir müssen immer wieder mitten in der Hektik innehalten und zurückschauen. Dies ermutigt uns für das, was wir am Tage noch alles vor uns haben. Wie können wir es schaffen, solch eine Verschnaufpause mitten am Tage einzulegen? Bei einer Bergtour unterscheidet man zwischen den großen Pausen und jenen kleinen Verschnaufpausen, bei denen man den Rucksack auf dem Rücken behält. Manchmal genügt es sogar, wenn man nur kurz nach dem Weg zurückschaut und sich nur einmal um die eigene Achse dreht. Man braucht den „Tritt“, den man gerade hat, kaum zu unterbrechen und doch kann man auch aus solch einem ganz kleinen Rückblick viel Mut schöpfen zum Weitermachen. Ähnlich können wir mitten am Tag, gewissermaßen in Sekundenschnelle, auf das bereits Erledigte zurückschauen. Wer das versucht, wird verblüfft sein, wie viel Kraft er daraus für das Kommende zu schöpfen vermag.

- Legen Sie mitten am Tag öfter einmal eine kleine Verschnaufpause ein!
- Relativieren Sie das, was noch vor Ihnen liegt, durch das, was Sie schon alles erledigt haben!

Wer weiß,
ob du nicht heute
noch etwas tust,
das dir selbst
unbegreiflich sein wird.

MARIE VON EBNER-ESCHENBACH

Staunen Sie über sich selbst

Ich habe einmal einen Vater beobachten können, der seinem Kind beim Malen helfen wollte. Nach kurzer Zeit hatte er alle Stifte um sich herumliegen, und statt seinem Kind zu helfen, wollte er am Ende von ihm bewundert werden: „Na, gefällt dir das?“ Das völlige Unverständnis des Kindes deckte sich völlig mit meiner Empfindung. Warum wollte dieser erwachsene Mann von seiner dreijährigen Tochter gelobt werden? Manche Menschen empfinden eine eigene Leistung nur dann als gut, wenn sie bestaunt wird. Ich sehe darin die Gefahr einer zu starken Außenorientierung. Wir sammeln Urteile anderer Menschen und lassen uns bestaunen. Wie steht es aber mit unserem eigenen Urteil? Wie sehr brauchen wir das Staunen anderer über etwas, das wir vollbracht haben? Wer das Staunen anderer braucht, der will in seinen Leistungen bewundert werden. Meist jedoch steckt dahinter die Unfähigkeit, sich selbst positiv zu beurteilen. Bevor wir uns aber mit unseren Leistungen nach außen wenden, sollte das erste Urteil von uns selbst kommen. Vielleicht müssen wir es immer wieder lernen, auch gegenüber uns selbst zu staunen. Das befreit uns von zu starker Abhängigkeit vom Urteil anderer und öffnet uns für manche positive Überraschung über das, was wir selbst vermögen.

- Staunen Sie über sich selbst!
- Seien Sie sich gewiss, dass Sie „Erstaunliches“ vollbringen können, auch wenn andere dieses nicht sehen!

Auf dem Weg
durchs Leben
kann man den Wind
nicht immer
im Rücken haben.

DEUTSCHES SPRICHWORT

Suchen Sie einen windstillen Winkel

Wenn man beim Spazierengehen oder Wandern gegen den Wind läuft, so ist das oft sehr unangenehm. Man friert leicht, das Gesicht wird kalt oder die Augen fangen an zu tränen. Man hat das Gefühl, nicht vorwärts zu kommen. Der Spaziergang wird zur Qual, die Wanderung zum Kampf: Mit gesenktem Kopf schaut man nur noch auf die nächsten Meter, die man zu laufen hat. Es gibt im Leben viele Widerstande: die eigenen Schwächen, die Schwächen anderer Menschen, Misserfolge, Überarbeitung sowie berufliche und private Herausforderungen, denen wir kaum gewachsen sind – um nur einiges aufzuzählen. Wir sagen dann: Uns bläst der Wind ins Gesicht. Dieses Bildwort greift auf, was man tatsächlich erlebt, wenn man gegen den Wind laufen muss. Sicher, die Gefahr ist groß, dass man den Mut verliert und keine Kraft mehr hat. Was aber ist in solchen Phasen zu tun, in denen einem der Wind ins Gesicht bläst? Mir scheint es wichtig zu wissen, dass solche Gegenkräfte immer unangenehm sind, dass sie den Schritt verlangsamen und den Blick in die Ferne trüben. Das gehört zum Leben wie der Gegenwind bei einer Wanderung. Vielleicht aber ist in solchen Zeiten sinnvoll, ein windstilles Plätzchen zu suchen und eine kleine Pause einzulegen. Danach geht vieles wieder leicht und Stück für Stück kommt man voran. Irgendwann legt sich der Wind dann wie von selbst.

- Lassen Sie sich durch starken Gegenwind nicht vom Weg abbringen!
- Legen Sie in anstrengenden Zeiten mehr Ruhepausen ein!

Jeder soll stets
bereit sein zu hören,
aber sich Zeit lassen,
bevor er redet.

JAK 1,19

Überdenken Sie Ihre Urteile

Wenn ich früher mit dem Auto meines Vaters irgendwohin fahren wollte, so sagte er stets: „Fahr vorsichtig!" Es war eine Art guter Ratschlag. Er meinte damit, dass ich aufpassen sollte, dass ich mit meinen Gedanken bei dem sein sollte, was ich gerade tat (nämlich Auto fahren), dass ich mitdenken sollte usw. Ähnlich höre ich es heute noch, wenn mir ein Freund über das, was ich gerade sage, ins Wort fallt: „Vorsicht, Vorsicht!" Auch dies ist ein guter Ratschlag. Da möchte jemand, dass ich nichts Unbedachtes sage oder dass ich noch einmal über das nachdenke, was ich gerade gesagt habe. In beiden Fällen ist das Gleiche gemeint: Ob beim Autofahren oder beim Reden, immer ist es wichtig, ein wenig vorauszusehen, mitzudenken. Unbedachtes Gerede ist eine Art kommunikativer Verkehrsunfall, der genauso schnell eintreten kann wie ein richtiger Unfall. Wir wissen aus eigener Erfahrung, wie schlimm unbedachtes Gerede wirken kann. Man kann damit erhebliche Verletzungen zufügen und andere Menschen regelrecht in die Flucht schlagen. Was man einmal unbedacht von sich gegeben hat, das lässt sich so schnell nicht wieder gutmachen oder einfach zurücknehmen. Im Sinne der Vorsicht müssen wir es (wie im Straßenverkehr) lernen, Situationen richtig einzuschätzen und entsprechend abzuwägen, was man sagt und was man besser nicht sagt. Die Reue über unvorsichtiges Gerede ist immer größer als die über vorsichtiges Schweigen.

- Seien Sie in Gesprächen vorsichtig und plappern Sie nicht einfach drauflos!
- Überdenken Sie Ihre Urteile, bevor Sie sie von sich geben!

Nur mit leeren Händen
kann man nach Neuem greifen.

Lassen Sie los

Es macht viel Freude, Jongleuren zuzusehen. Die verwirrende Vielfalt der Bälle oder Keulen, die schnellen Bewegungen der Hände, ein immer neues Staunen, dass die Objekte nicht doch irgendwann zusammenstoßen, lassen einen fasziniert auf die Figuren schauen, die kunstvoll vor den Augen entstehen. Die eigentliche Leistung eines Jongleurs ist die Überwindung des natürlichen Greifreflexes, und wer schon einmal probiert hat zu jonglieren, der wird wissen, wie schwer das ist. Man kann sich noch so sehr vornehmen, den Ball, wenn er aus dem Fluge in die Hand kommt, nicht zu greifen, sondern gleich wieder aus der Hand gleiten zu lassen. Gerade am Anfang wird das nicht gelingen. Der Greifreflex ist stärker, man fängt den Ball auf, hält ihn fest und die Jonglage ist zu Ende. Es gibt auch im übertragenen Sinne eine Art geistigen Greifreflex. Er verhindert den souveränen Umgang mit unseren Vorstellungen und Überzeugungen, an denen wir uns festklammern, anstatt sie kunstvoll und gelassen zu einem Zusammenspiel zu bringen wie ein Jongleur die Bälle. Hinsichtlich der Überwindung dieses hemmenden geistigen Greifreflexes ist es in der Psychoanalyse heute üblich, vom „Loslassen“ zu sprechen, und in der Tat ist das Loslassen eine wichtige Voraussetzung für die Gelassenheit. Dazu bedarf es vor allen Dingen immer wieder der Übung, der Geduld und des unverbrüchlichen Hoffens.

- Bemühen Sie sich um das Loslassen bestimmter Ansichten und Überzeugungen!
- Sehen Sie in diesem Loslassen eine neue Form der Freiheit, zu der Sie finden können!

Gott gebe dir
für jede Sorge
eine Aussicht.
IRISCHER SEGENSWUNSCH

Behalten Sie den Weitblick

Wer schon einmal eine lange Bergwanderung hinter sich gebracht hat, der wird wissen, wie sehr man durch eine schöne Aussicht für all die Mühe, der man sich durch die Wanderung unterzogen hat, belohnt wird. Der Panoramablick auf die Natur unterliegt einem einzigartigen Zauber, vor allen Dingen dann, wenn man durch nichts beschränkt wird und schauen kann, soweit das Auge reicht. Man fühlt sich frei und alles scheint seltsam leicht. Im Alltag fehlt der Panoramablick oft. Wir fühlen uns eingezwängt und fremdbestimmt. Das Herz ist uns oft in all den Anspannungen schwer, von Freiheit keine Spur. Und die Aussichten auf Besserung sind schlecht. Wie können wir es schaffen, immer wieder aus diesem Zustand herauszukommen? Die Aussichten in der Natur, der Panoramablick, entsprechen dem, was wir auch menschlich unter Aussicht verstehen. Gute Aussichten zu haben bedeutet: so in die Zukunft zu schauen, wie man von einem Aussichtspunkt in der Natur ins Weite schaut. Um solche Aussichten zu haben, muss man sich gewissen Anstrengungen unterziehen – meiden wir diese, dann sind die Aussichten auf gute Aussichten schlecht. Wagen Sie einmal – mitten an einem anstrengenden Tag – den „Panoramablick“, fragen Sie sich, welche beruflichen und privaten Aussichten Sie haben, was alles noch möglich ist und was Sie selbst dafür tun können, dass es wirklich wird. Sie werden staunen, was sich Ihren Blicken alles bietet.

- Erhalten Sie sich bewusst den Weitblick!
- Ist Ihnen klar, dass Sie bei aller Festlegung weiterhin gute Aussichten haben, wenn Sie sich darum mühen?

Was ohne
Ruhepausen geschieht,
ist nicht von Dauer.

OVID

Schalten Sie bewusst ab

Wenn man im Haushalt eine Glühbirne oder gar eine Lampenfassung wechseln möchte, dann schaltet man sinnvollerweise zuvor die Sicherung aus. Ist der Stromfluss nun unterbrochen, so kann man sich beruhigt an die Arbeit machen. Das Unterbrechen des Stromkreises ist ein bewusster Eingriff, den man vornimmt, um etwas Schlimmes zu verhüten. Auch wir Menschen „schalten“ innerlich ab, wenn es uns zu viel wird, wenn wir überfordert sind, wenn wir zu sehr unter Spannung stehen. Meist ist das aber eine ganz unbewusste Schutzfunktion, eher vergleichbar mit dem Herausspringen einer Sicherung als mit dem vorausdenkenden Abschalten. Wie aber können wir es lernen, bewusst „abzuschalten“, bevor die Sicherung „durchbrennt“? Die Antwort verbirgt sich schon in der Frage. Wir müssen Phasen der Ruhe bewusst in unseren Tagesablauf einplanen und Pausen einlegen, die uns davor bewahren, ständig so unter Strom zu stehen, dass das Durchbrennen der Sicherung die logische Folge wäre. Dieses „Abschalten“ wird umso besser gelingen, je bewusster wir eine Zeit des Abschaltens einplanen und uns gerade bei großen (beruflichen) Anspannungen diese Zeit dann auch konsequent gönnen.

- Trennen Sie die verschiedenen Anforderungen des Tages voneinander!
- Schalten Sie bewusst ab!

Das Verstehen
deiner Stärken
macht sie größer.

LUC DE CLAPIERS,
MARQUIS DE VAUVENARGUES

Erkennen Sie Ihre Begabungen

Ich habe oft feststellen müssen, dass Menschen sehr schnell antworten können, wenn man sie nach ihren Schwächen fragt. Hingegen wird es oft als peinlich empfunden, wenn man einen Menschen nach dem fragt, was er kann. Vermutlich liegt es daran, dass wir negative Erlebnisse auf geheimnisvolle Weise bewusster speichern als positive. Wenn wir, irgendwann einmal in unserem Leben, auf etwas gestoßen wurden, dass wir nicht „gut" gemacht haben, dann bleibt dieses Erlebnis als ärgerliche oder peinliche Begebenheit in Erinnerung. Dabei könnten wir alle wahrscheinlich auf mindestens ebenso viele Fähigkeiten schauen, die wir haben. Aber aus diesen folgt bedauerlicherweise meistens nichts. Positive Erlebnisse scheinen nicht so viel Lernpotential zu beinhalten wie negative. Etwas nicht zu können oder „schlecht" gemacht zu haben, bedeutet für uns hingegen häufig, dass wir es „besser" machen wollen und uns bewusst werden, wie viel wir noch lernen müssen. Wie können wir es schaffen, dass das, was wir nicht können, uns nicht so belastet und bestimmt? Ich halte es für sehr notwendig, dass man immer sowohl das sieht, was man kann, als auch das, was man nicht kann. Beides hängt nämlich insofern zusammen, als dass man aus beidem lernen kann: Die Freude über das, was man kann, gibt die Energie, das noch zu erlernen, was man nicht kann.

- Lernen Sie Ihre Stärken kennen und leben Sie mit ihnen!
- Lernen Sie aus Ihren Stärken für den Umgang mit Ihren Schwächen!

Je weiter man zurückblicken kann,
desto weiter wird man vorausschauen.

Sehen Sie auf die innere Wanderkarte

Wenn man in einem unbekannten Gebiet wandert, hat man normalerweise eine Wanderkarte bei sich. Es kommen immer wieder Abzweigungen und Kreuzungen, an denen man nicht sicher ist, wo der Weg, den man gehen will, weiter verläuft. Also holt man die Wanderkarte heraus. Bevor diese aber eine sichere Auskunft geben kann, muss man sich ausrichten. Man muss meist zuerst den Weg suchen, dann schaut man in Ruhe, bis wohin man schon gekommen ist, um so den augenblicklichen Standpunkt zu bestimmen. Dann kann man die Karte in die richtige Himmelsrichtung wenden und erst jetzt wird ersichtlich, wo man weitergehen muss. Beim Lebensweg verhält sich das nicht anders. Wir kommen immer wieder in Situationen, in denen man entscheiden muss, welchen der sich anbietenden Wege man gehen muss. Wie aber können wir im übertragenen Sinne an eine innere Wanderkarte gelangen? Sie ergibt sich so ähnlich, wie wir beim Wandern auf einer Wanderkarte nachsehen wie der Weg weitergeht: Erst einmal bleiben wir stehen, dann vergegenwärtigen wir uns zurückschauend den bisherigen Weg und verdeutlichen uns, wo wir im Augenblick stehen. Daraus ergeben sich dann die Möglichkeiten für den weiteren Weg. Je öfter wir in diesem Sinne die Karte von unserem bisherigen Lebensweg „ansehen", umso besser haben wir sie im Kopf und umso schneller lässt sich am Ort der Entscheidung der richtige Weg finden.

- Halten Sie jeden Tag eine kurze Besinnung auf den zurückgelegten Weg!
- Fragen Sie sich: Bin ich vorangekommen oder stehengeblieben? Woran lag es?

Perlen liegen nicht am Strand.
Wenn du eine Perle begehrst,
musst du schon dafür tauchen.

Genießen Sie das „Gipfelerlebnis“

Am Ende einer guten Bergtour steht immer ein beeindruckendes Gipfelerlebnis. Bei gutem Wetter öffnet sich der Blick in eine Weite, die man sonst nicht hat. Das Gefühl „ganz oben“ zu stehen, angekommen zu sein und es geschafft zu haben, ist nahezu berauschend. Für einen Augenblick ist alles vergessen, auch die leidliche Tatsache, dass man hier oben nicht lange verweilen kann. Irgendwann wird der Abstieg zwangsläufig folgen müssen. Dann tut man einen letzten Blick zurück, schultert den Rucksack und es folgt ein Weg ins Tal, an dessen Ende vielleicht etwas Schönes auf einen wartet, aber mit Sicherheit nichts so berauschendes wie ein Gipfelerlebnis. Kaum einer käme nach solch einer Erfahrung auf die Idee zu sagen: Die Qualität des Erlebnisses stand nicht im Verhältnis zum zeitlichen Aufwand. Ebenso gibt es auch im Leben herrliche Augenblicke souveräner Weitsicht und wundervolle Gipfelerlebnisse. Sie sind selten und immer zu kurz. Aber sie sind in jedem Fall „lohnende“ Erlebnisse und sie können ein ganzes Leben eine andere Perspektive verleihen – auch dann, wenn man die meiste Zeit auf dem Weg verbringt.

- Denken Sie an vergangene „Gipfelerlebnisse“ in Ihrem Leben und freuen Sie sich darüber!
- Verfolgen Sie aktiv das Ziel, wieder einmal ein schönes Gipfelerlebnis zu bekommen?